BEI GRIN MACHT SICH IHR WISSEN BEZAHLT

- Wir veröffentlichen Ihre Hausarbeit,
  Bachelor- und Masterarbeit

- Ihr eigenes eBook und Buch -
  weltweit in allen wichtigen Shops

- Verdienen Sie an jedem Verkauf

Jetzt bei www.GRIN.com hochladen
und kostenlos publizieren

Hans-Jürgen Borchardt

Die Auswahlkriterien für Berater

So finden Sie einen guten Berater

GRIN Verlag

Bibliografische Information der Deutschen Nationalbibliothek:

Die Deutsche Bibliothek verzeichnet diese Publikation in der Deutschen National-
bibliografie; detaillierte bibliografische Daten sind im Internet über http://dnb.d-
nb.de/ abrufbar.

Impressum:

Copyright © 2010 GRIN Verlag, Open Publishing GmbH
Druck und Bindung: Books on Demand GmbH, Norderstedt Germany
ISBN: 978-3-640-75829-6

Dieses Buch bei GRIN:

http://www.grin.com/de/e-book/162209/die-auswahlkriterien-fuer-berater

Die Auswahlkriterien für Berater

Teil I
So finden Sie einen guten Berater
Wenn Sie nicht auf professionelle Beratung verzichten wollen, wird es für Sie immer schwierig sein, gute Marketing- oder Werbefachleute von weniger guten zu unterscheiden, denn Berufsbezeichnungen wie Unternehmensberater, Consulter, Marketingberater, Werbeberater, Web- Logodesigner etc. sind nicht geschützt. Jeder, der glaubt, etwas von Marketing und Werbung zu verstehen, kann sich eine derartige Berufsbezeichnung zu legen und Kunden akquirieren.

Die Gefahr, einen wenig qualifizierten Berater zu verpflichten, können Sie nie ganz ausschließen. Wenn Sie dennoch mit einem Berater zusammen arbeiten wollen, sollten Sie wie folgt vorgehen:

1. Sprechen Sie *immer* mit mehreren Beratern
1.1 Man sagt zwar, dass der 1. Eindruck entscheidet, aber lassen Sie sich davon nicht leiten. Viele Berater/innen sind perfekte Verkäufer, die alle Tricks beherrschen, Ihr Vertrauen zu gewinnen.
1.2 Beantworten Sie sich nach dem ersten Informationsgespräch gewissenhaft folgende Fragen:
1.3 Hat der Berater allgemeine Fragen gestellt oder hat er sich vor seinem Besuch mit meinem Betrieb, mit meiner Situation beschäftigt?
1.4 Kennt er den Markt, den Wettbewerb, die Kunden?
1.5 Wie umfangreich sind seine Erfahrungen?
1.6 Hat er meine Vorstellungen hinterfragt?
1.7 Entwickelte er im Gespräch eigene Denkansätze und Ideen?
1.8 Hat er die gegebenen Informationen hinterfragt oder ist er ein „Jasager"?
1.9 Hat er mit Fachbegriffen „um sich geworfen", um Kompetenz zu demonstrieren, oder hat er immer klar und für mich verständlich gesprochen und argumentiert?
1.10 Unterstützen seine ersten Ideen/Vorschläge meine Zielsetzung?
1.11 Und, ganz wichtig: Ist er bereit, seine Leistungen und sein Honorar im Voraus zu definieren?

Zu 3.9 Vereinbaren Sie konkrete Leistungen und Honorare
Für jeden Handwerker ist es selbstverständlich, für seine Leistungen ein verbindliches Angebot abzugeben. Die Aussage vieler Berater, man könne kreative Leistungen und den Aufwand im Voraus nicht einschätzen und somit kein Angebot abgeben, sollten Sie auf keinen Fall akzeptieren. Seriöse Berater müssen in der Lage sein, für ihre Arbeit einen verbindlichen Ca. Preis (+/- 10%) abzugeben. Jeder erfahrene Berater und jede seriöse Agentur ist auf Grund der vorhandenen Erfahrungen dazu in der Lage. Wenn sich dann das Angebot des Beraters und Ihre Erwartungen nicht treffen, kann über eine Erweiterung oder Reduzierung des Angebotes bzw. der Leistungen gesprochen werden. Wenn die Vorstellungen über Preis und Leistung nicht zu vereinbaren sind, können beide Parteien das Gespräch ohne Streit (vor Gericht) beenden.

Ebenso wichtig ist, dass Sie sich von Beratern, Grafikern, Textern und Fotografen die Nutzungsrechte der Urheberschaft grundsätzlich und generell übertragen lassen. Verzichten sie auf diese Erklärung, müssen Sie für *jede* Nutzung zahlen, auch wenn Sie die Zusammenarbeit längst beendet haben.

Wenn Sie schlechte Erfahrungen vermeiden wollen, verlangen Sie im Voraus genaue und detaillierte Leistungsbeschreibungen und Honorarvereinbarungen. Dazu gehört auch, dass Kosten, Form, Umfang und Art der Korrekturarbeiten – auch bei grafischen und textlichen Leistungen- im Voraus aufgeführt werden.

Teil II
Voraussetzung für eine effiziente Zusammenarbeit

Falsche Zielformulierungen führen zu Fehlern
Unternehmer machen bei der Formulierung der Zielsetzung oft Fehler, weil generelle Aussagen wie z. B. „Ich will mehr Umsatz machen", oder „Ich will den Gewinn um 20% steigern" zwar generell richtig sind, aber dennoch nicht für die Zusammenarbeit mit einem Berater geeignet sind.

Derart allgemeine Formulierungen werden von den Beratern gern gehört, weil sie individuell interpretiert werden können. Sie interpretieren derartige Aussagen oft so, dass neue Aktivitäten und Maßnahmen entwickelt werden müssen, mehr Geld für Werbung ausgegeben werden kann usw.

Derartige Formulierungen sind falsch, weil sie zu allgemein sind, weil sie nicht eindeutig sind. Außerdem ist ein derartiges Ziel grundsätzlich falsch, weil das Interesse des Inhabers und nicht die Erwartung des Kunden im Mittelpunkt des Handelns steht.

Eine richtige Zielformulierung wäre zum Beispiel:
"Wir wollen der Betrieb mit dem besten Service werden. Unsere Kunden sollen von unserem Service so begeistert sein, dass Sie uns weiter empfehlen."

Zielformulierungen müssen so abgefasst sein, dass sie klar und eindeutig sind und jeder Betroffene für sich einen Vorteil/Nutzen erkennt.

Sie bestimmen was gemacht wird
Berater sind keine Gurus, die alles besser wissen. Sie sind Fachleute, die sich in *Ihr* Marketing einbringen müssen, damit es besser wird. Anders formuliert, sie sind keine Teamleiter, sondern Teammitglieder, die ihr Fachwissen einbringen, um das Gesamtkonzept in Teilbereichen zu optimieren.

Oder noch deutlicher: Der Berater hat eine neue Aufgabe. Er ist nicht mehr primär Teamleiter, sondern Teammitglied. Er ist der Spezialist, der sich in das bestehende Konzept einbringen muss.

Die Rolle des Teamleiters haben immer Sie, der Unternehmer. Damit die Zusammenarbeit zielgerichtet erfolgt, müssen Sie sich immer wieder folgende Fragen stellen:

1. Dienen die Vorschläge/Empfehlungen *meiner* Zielsetzung/Konzeption?
2. Werden die Vorteile, die mein Betrieb bietet, deutlich dargestellt?
3. Sind die Ideen kreativ, originell und neu?
4. Sind die Vorschläge/Empfehlungen ihr Geld wert?

Wenn Sie diese Fragen für sich zufriedenstellend beantworten können, ist eine erfolgreiche Zusammenarbeit sehr wahrscheinlich.

Teil III
Zwei Fallen, die Sie leicht vermeiden können.

Zwei Vorschläge, die immer wieder erfolgreich von Beratern eingebracht werden, sind:

1. "Die vorhandenen Stärken müssen ausgebaut werden, um das Unternehmen neu und erfolgreich auszurichten."

Wer diesem Vorschlag zustimmt, hat den Berater für lange Zeit für viel Geld im Betrieb. Wird ein derartiger Vorschlag unterbreitet, sollten Sie dem Berater folgende Fragen stellen:

- Gibt es für die vorhandenen Stärken einen Markt bzw. Nachfrage?
- Wie groß ist der wahrscheinliche Markt für das neue Angebot?
- Ist das neue Angebot attraktiv und nachfrageauslösend, bzw. ist die zu erzielende Differenzierung ausreichend?
- Ist das Preis-Leistungsverhältnis des neuen Angebots marktgerecht?
- Ist das neue Angebot ausbaubar?
- Wie schnell, bzw. wie leicht kann das Angebot kopiert werden?
- Welche Vorbedingungen und Investitionen/Kosten sind mit der Einführung verbunden?
- Ist das neue Angebot so gut, dass es via PR („kostenlose Werbung") erfolgreich vermarktet werden kann?

Wenn der Berater diese Fragen nicht in allen Punkten zufriedenstellend beantworten kann, muss gefragt werden, worauf er seinen Vorschlag begründet. Denken Sie immer daran, Sie kennen den Markt, den Wettbewerb und Ihre Kunden besser als ein (neuer) Berater. Deshalb ist auf diesen und den folgenden Vorschlag mit Vorsicht zu reagieren.

2. „Das vorhandene Sortiment, Produkt, Angebot, bzw. die Dienstleistung, der Service etc. ist ausbaufähig. Hier gibt es noch viele Ressourcen."

Auch in diesem Fall müssen Sie im Detail konkret hinterfragen, worauf der Berater seine Aussagen stützt. Wenn er nicht mit einem analytischen Vergleich (z. B. mittels Polaritätsprofil) die Defizite und die Ausbaufähigkeit darstellen kann, geht es ihm nicht um die optimale Betreuung Ihres Unternehmens, sondern um seinen eigenen Umsatz.

Denn, wenn Sie dieses Argument gläubig „geschluckt" haben, kann der Berater jubeln. Jetzt hat er freie Bahn.

(Ich kannte mal einen „Kollegen", der erzählte mir bei einem Glas Bier, dass er neue Kunden zunächst einmal davon überzeugt, dass ihr Firmenzeichen nicht mehr zeitgemäß ist. Er sagte:"Wenn das jemand akzeptiert hat, habe ich im Prinzip freie Hand.")

Fazit

Gute Berater sind „ihr Geld wert", deshalb sollte man nicht grundsätzlich eine Zusammenarbeit ablehnen. Voraussetzung für eine gute Zusammenarbeit ist aber immer, dass klare und eindeutige Zielvorgaben bestehen, damit die Leistungen kontrollierbar werden.

Hans-Jürgen Borchardt
November 2010